왜 인종으로 나누려고 할까?

한 입 크기 철학 2
왜 인종으로 나누려고 할까?

초판 인쇄 2020년 06월 20일
초판 발행 2020년 06월 25일

지은이 마갈리 베손느
그린이 알프레드
옮긴이 손윤지
펴낸이 조승식
펴낸곳 돌배나무
공급처 북스힐
등록 제2019-000003호
주소 01043 서울시 강북구 한천로 153길 17
홈페이지 www.bookshill.com
이메일 bookshill@bookshill.com
전화 (02) 994-0071
팩스 (02) 994-0073

정가 9,000원
ISBN 979-11-966240-5-7

* 잘못된 책은 구입하신 서점에서 바꿔 드립니다.

Les races, ça existe ou pas?

Magali Bessone & Alfred

마갈리 베손느 & 알프레드

왜 인종으로 나누려고 할까?

미국을 충격에 빠뜨린
레이첼 돌레잘

2015년 6월, 미국의 흑인민권단체장 레이첼 돌레잘Rachel Dolezal이 미 전역을 충격에 빠뜨린 논란의 중심에 섰다. 그녀의 부모는 모두 백인으로, 수년 동안 흑인으로 살아온 레이첼 돌레잘이 그들의 생물학적 친딸이며, 그녀 역시 백인이라는 사실이 밝혀졌기 때문이다. 이 사건으로 레이첼은 단체장직에서 사퇴했고 언론에서는 뜨거운 논쟁이 시작됐다. 사람들은 그녀가 인종 정체성을 위조한 사기꾼이라며 비난했고, 그녀가 정체성의 심각한 혼란을 겪은 것이라고도 평가했다. 다른 한편에서는 그녀가 모든 사람들을 속이며 흑인의 인권향상을 위해 선의의 활동을 해온 것은, 사실상 미국에서 흑인들이 누릴 수 있는 혜택을 얻기 위한 계산된 행동이라며 비난했다. 레이첼이 자기 정체성을 정말로 인지하지 못했거나, 완벽하게 거짓된 인생을 만들었다는 논쟁이었다.

하지만 만일, 백인인 그녀가 아프리카계 미국인의 삶의 방식과 문화를 선택하여 구릿빛 피부와 흑인 특유의 머리 스타일을 유지하는 등 자신의 겉모습을 흑인처럼 바꾼 것이었다면 이는 그녀 스스로 인지한 정체성에 따라 행동한 결과일 것이다. 즉, 레이첼은 자신을 흑인이라고 믿었기 때문에 거짓으로 행동한 것이 아니라는 말이 된다. 게다가 한 인터뷰에서 "다섯 살 때 내 모습을 그릴 때면 언제나 얼굴은 갈색 크레파스로, 머리카락은 검은색 크레파스로 꼬불꼬불하게 그렸다"고 말했을 정도로 그녀는 유년 시절부터 이미 자신을 흑인이라고 생각해 왔다. 그렇다면 도대체 인종이란 무엇일까? **레이첼 돌레잘은 과연 흑인일까, 백인일까? 만일 인종이 존재하지 않는다면 이 사건의 문제는 무엇일까?** 인종의 구분이 분명한 미국에서 이는 무엇을 의미할까?

1787년, 아메리카 대륙의 13개 주는 영국과의 전쟁을 통해 독립을 얻어내고 연방헌법을 제정하여 연방 국가를 형성했다. 미국은 이렇게 탄생했다. 미국은 헌법에 따라 1790년에 최초의 인구조사를 시행했는데, 질문 중에는 가구 내 구성원의 '인종'에 관한 항목이 있었다. 2010년에 진행된 인구조사에서는 "가구원 1의 인종은 무엇입니까?"라는 질문으로 표현되었다. 미국 시민들은 연방 정부의 요청에 따라 '백인, 흑인, 아프리카계 미국인 또는 니그로, 아메리칸 인디언 또는 알래스카 원주민, 인도인, 중국인, 필리핀인, 일본인, 한국인, 베트남인, 기타 아시아인, 하와이 원주민, 괌족 또는 차모로족, 사모아족, 기타 태평양 섬의 원주민, 기타 인종' 중 하나 이상의 항목에 표시해야 했다. 오늘날 미국에서는 인종의 항목을 공식적으로 이렇게 구분하고 있다. 따라서 레이첼 돌레잘이 백인인가 흑인인가에 대해 논쟁하는 이유는 미국 행정상 인종은 매우 중요한 사안이기 때문이다.

미국인들은 '컬러라인'의 양끝에 서 있을까?

미국의 인구구성은 수 세기에 걸쳐 다양한 인종의 범주로 나뉘어 표현되어 왔지만, 큰 범주는 언제나 백인과 흑인이었다. 심지어 1790년에 시행된 최초의 인구조사에서는 '자유로운 백인 남성, 자유로운 백인 여성, 기타 자유인(대부분 아메리칸 인디언), 흑인 노예'로 항목을 나누어 조사했다. 흑인 노예는 자유인으로서의 법적 지위를 가질 수 없었고 미국 의회에 선거권을 행사할 수 있는 유권자도 아니었다. 오히려 흑인 노예는 소유주인 백인이 세금을 내야 하는 재산으로 취급되었다.

미국의 남북전쟁이 끝난 후, 흑인들은 1870년에 미국 수정헌법 제15조에 따라 미국 전역에서 투표할 수 있는 권리를 얻게 된다. 그러나 1896년부터 미국에서는 '분리하되 평등한' 정책이 공식적으로 수립되었고, 사회의 모든 분야에서 백인과 흑인을 차별하는 인종분리정책이 시행되었다. 그 유명한 '플레시 대 퍼거슨 사건*'에서, 당시 미국 대법원은 어떤 집단에 속한 구성원 개인에게 적용되는 조건은 이론상 모두 같으므로 인종분리정책은 적법하고 정당하다고 판결을 내렸다. 학생들에게 동등한 수준의 교육과 기회를 제공하지만 흑백이 분리된 학교, 동등한 수준의 문화생활을 즐길 수 있으나 흑백이 분리된 공연장 등은 위헌이 아니라고 판단한 것이다. 1954년이 되어서야 미국 대법원은 공립학교의 인종분리정책은 제도의 위선이며 헌법에 어긋난다고 판결을 내렸고, 미국 사회에서는 점차 인종차별철폐를 향한 길이 열리기 시작한다.

미국은 이렇게 **흑인 노예제도와 인종분리정책을 통해 자국의 인구집단을 근본적, 구조적, 심층적으로 백인과 흑인으로 구분해왔다.** 그러므로 인종 구분이 엄격한 미국에서

---

* 1896년, 호머 플레시(Homer Plessy)라는 흑인 혼혈인이 백인 전용 기차 칸에 올라타자, 유색인종 칸으로 옮겨 타라는 철도 안내원의 요구를 거부하여 '인종격리 차량법' 위반 혐의로 고발당한다. 당시 루이지애나주 지방 판사였던 퍼거슨(Ferguson)과 흑백 차별을 금지한 수정헌법 제14조의 해석을 두고 대립했다.

레이첼 돌레잘 사건은 논란이 될 수밖에 없었고, 그녀가 백인인가 흑인인가에 대한 질문에도 명확한 답을 요구할 수밖에 없었다.

아프리카계 미국인 출신의 저명한 학자인 두 보이스W.E.B. Du Bois는 이미 1903년에 발표한 그의 저서 《흑인의 영혼》에서 피부색에 따른 인종의 구분을 '컬러라인'으로 표현한 바 있다. 미국에서는 인종의 구분이 '한 방울의 법칙'이라는 매우 엄격한 원칙에 따라 이루어졌기 때문이었다. 이 법칙에 따르면 만일 가족 구성원 중 단 한 사람이라도 흑인이라면, 그가 아무리 먼 조상이었다고 하더라도 그 후손은 무조건 흑인이다. 즉, 흑인의 피가 단 한 방울만이라도 섞여있다면 백인이 아니라 흑인이라는 것이다. 유색인종의 피가 섞인 사람들은 이렇게 그들의 피부색이나 외견상 나타나는 일반적인 신체적 특징과는 상관없이 모든 영역에서 흑인으로 간주되었다. 그 결과 유색인종은 특정 장소의 출입이나 특정 일자리에 지원할 수 없었고, 일부 지역에는 거주할 수 없게 되는 등 인종차별 때문에 불평등한 대우를 받았다.

'컬러라인'을 넘을 수 있을까?

'한 방울의 법칙'에 따라 하얀 피부, 직모, 얇은 입술 등 겉으로 보기에는 백인처럼 보이는 사람들까지 전부 다 흑인으로 분류되었다. 그 결과, 20세기 초에는 겉모습만으로는 '구별할 수 없는' 사람들의 대다수가 그들의 가계도에 기록되어 있는 흑인 조상의 흔적을 지우고 '백인행세'를 시작했다. 흑인에게 가해지는 차별을 피해 백인들만 누릴 수 있는 일자리나 혜택을 얻고 백인 사회로 진입하기 위해서였다. 이렇게 다른 인종의 행세를 하고 다른 인종으로 전환하는 것을 '패싱passing'이라고 한다. 패싱은 인종의 범주를 겉으로 드러나는 신체적 특징에 따라 설정하지 않고 의도적으로 만든 제도적 기준에 따라 인구집단을 엄격하게 분리했기 때문에 발생한 현상이라고 할 수 있다.

자신을 흑인이라 주장하던 레이첼 돌레잘은 일반적인 패싱과는 반대의 경우였다. 그래서 인종을 구분하는 방법의 객관성과 적법성에 대한 문제가 제기된 것이다. 레이첼 돌레잘의 역패싱은 인종분리의 시대에 등장했던 질문들을 수면 위로 끌어올렸다. 과연 우리는 백인행세를 하는 흑인이나, 흑인행세를 하는 백인이 자신의 정체성을 속이는 것이라고 말할 수 있을까? 인종적 특성에 따라 적법하게 인종을 구분하는 것이 가능할까? '인종'은 불평등한 제도를 유지하기만 하는데, 우리 사회에 인종의 구분은 꼭 필요할까?

과거 미국의 인종분리정책이 부당한 제도였다는 것은 명백한 사실이다. 흑인 역시 미국 시민이므로 백인이 미국 시민으로서 누리는 모든 권리와 기회를 흑인도 똑같이 누릴 수 있어야 했다. 그러나 미국의 역사는 '컬러라인'을 만들었고, 현대 미국 사회에는 노예제도와 인종분리정책의 잔재가 뿌리 깊이 박혀있어서, 사회는 여전히 분열되고 불평등하다. 미국 빈곤층의 대다수는 아프리카계 미국인들이다. 이

들은 다른 인종에 비해 실업률이 높고, 합법적이고 안정적인 노동시장으로의 진입이 어렵다. 또, 대부분 유대인 격리 지역이나 미국 도심의 빈민촌에서 살아간다. 수감자 중 대다수는 흑인 남성이며, 전과기록 때문에 일자리 고용 과정에서 차별을 당하거나 시민권을 박탈당하고, 가정의 불화를 겪는 등 경제적, 정치적, 사회적으로도 영향을 받는다.

그렇다면 인종을 구분하지 않으면서 이러한 불평등을 해소할 방법은 무엇일까? 인종 간의 차이에 대해 무관심하면 되는 것일까? 흑인, 유대인, 집시에 대해 논하지 않고서 반흑인주의, 반유대주의, 반집시주의를 사라지게 할 수 있을까? 일반적인 '인종혐오'나 '인종차별주의'에 대해 논의하는

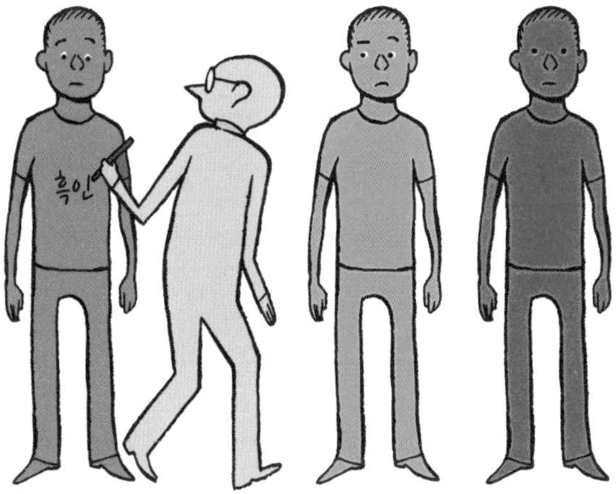

것에서 그친다면 역사에서 나타난 인종차별의 다양한 형태를 자세히 다룰 수 없다. 그렇다고 이미 정해진 인종의 범주를 그대로 따른다면 서로 다른 인종을 구분하는 것은 당연하다고 생각할 위험이 있는 것은 아닐까? 또, 인종을 구분하기 때문에 발생하는 문제들을 고착화하는 것은 아닐까? 이는 특정 인종의 지배 혹은 배척을 정당화했던 과거의 담론과 맞서기는커녕 오히려 잘못된 담론을 재생산하게 될지도 모른다. 인종을 구분하기 때문에 발생하는 불평등을 해소할 방법은 무엇일까?

"니그로란 없다.
백인이란 것도 없다."

프란츠 파농

Frantz Fanon

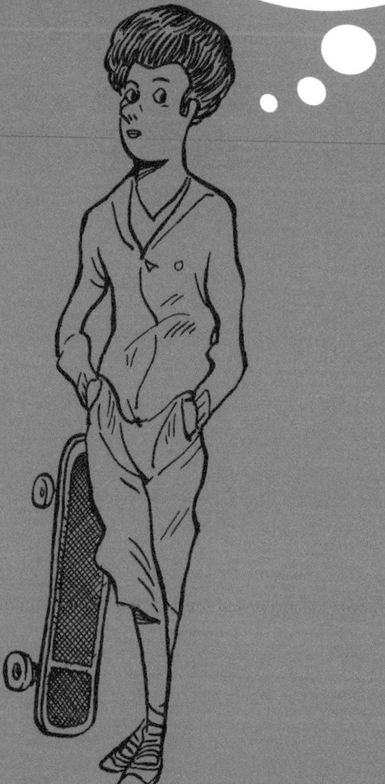

왜 인간은 인종을 만들었을까?

'인종'이란 유럽에서 16세기부터 18세기 사이에 서서히 등장한 용어로, 유럽의 탐험가와 여행가들이 항해 중에 다른 지역에서 만난 인구집단을 다양한 외양적 특징에 따라 '묘사'하고 '분류'하기 위해 쓰였다. 용어 사용의 초창기에는 신체적 특징과 지리적 특징을 접목한 방대한 인구집단의 분류표를 채우는 데 아주 유용한 표기 수단이었다. '인종'이라는 말을 처음 사용했던 인물은 프랑스 여행가이자 의사였던 프랑수아 베르니에François Bernier로 추정된다. 그는 1684년 4월 24일에 발행된 한 기사에서, "4~5개의 인종은 그 차이점이 두드러지기 때문에 지구상의 인구 분포를 새롭게 구분하는 기초가 될 수 있다"고 말했다. 그가 만난 인구집단은 유럽인, 아프리카인, 아시아인, 북유럽인, 아메리카인으로 분류되었는데, 그가 보기에 아메리카인은 하나의 인종범주로 설정하는 데 있어서 유럽인과 큰 차이점이 없었다고 한다.

인종의 유형은 피부색, 눈꺼풀 모양, 머리카락, 체모, 키 등 겉으로 드러나는 신체적 특징과 대륙 혹은 아대륙 등 지리적 분포에 따라서 형성되었다. 신체적으로 눈에 띄는 특징에 따라 인구집단을 재구성하고 나름 엄밀하게 인간의 다양성을 재조직한 것이다.

그러나 인종의 개념은 시간이 지날수록 '묘사'하기 위해서만 쓰이는 것에 그치지 않았다. 오히려 한 인간이 어떻게, 왜 특정 인구집단에 속하는지 그 '이유'로 쓰이기 시작했다. 인종을 분류하는 기준도 더 엄격해졌다. 인종을 인구집단 간에 나타나는 근본적인 차이점 또는 변하지 않고 후대에 유전될 수 있는 생물학적 특징으로 구분했다. 결국, 같은 집단에 속한 모든 구성원은 전부 같은 특징을 지녔다고 판단

하기에 이르렀다. 예를 들어 한 아시아인이 가늘고 옆으로 찢어진 눈을 지녔다면, 모든 아시아인의 눈은 가늘고 옆으로 찢어졌으며, 오직 아시아인들만 이런 특징을 가졌다고 구분하게 됐다는 것이다. 어떤 인종범주에 속한 개인은 다른 범주에 동시에 속할 수 없고, 평생 바꿀 수도 없게 되었다. 그래서 누군가의 인종을 알게 되었을 때, 직접 만나지 않아도 그가 어떻게 생겼을지 대충 짐작할 수 있게 된 것이다. 각 인구집단을 대표하는 특징은 생물학적인 부분이기 때문에 대부분 다음 세대로 유전되는 경우가 많다. 이렇게 인종은 인구집단의 단순한 유형이 아닌 혈통으로 인식되었고, 인류의 역사 속에서 인구집단을 구분하는 분류법이 되었다.

인종은 타고나는 것일까?

18세기 말, 인종의 역사는 큰 전환기를 맞는다. 애당초 인구집단을 분류하기 위해 임의로 쓰였던 방법인 신체적 특징의 차이가 이제는 인류를 구분하는 자연스러운 도구가 된 것이다. **인종은 애초에 타고나는**

것으로 여겨졌다. 캐나다의 과학철학자 이언 해킹Ian Hacking은 "인종의 범주가 이토록 강력해진 이유는 인종 그 자체로 인구집단을 구별하게 되었기 때문이다. 눈으로 보는 것만으로도 충분하다. 인종 간에 나타나는 차이는 피상적이라서 필연적으로 그 즉시 알아차릴 수밖에 없다"라고 말했다. 즉, 인구집단 간의 차이를 겉으로 드러나는 특징으로 정의할 수 있다는 착각이 발생한다. 인종을 구분하기 위해서는 그저 신체적 특징만 관찰하면 된다는 인식이 탄생한 것이다. 인종이 인구집단을 탄생시키고 형성한 것이라기보다는 인간 생식활동의 자연스러운 결과물이 인종이라고 여기기 시작했다.

1951년, 유네스코의 요청에 따라 유전학자들과 인류학자들이 함께 작성한 〈인종의 본질과 인종차별에 관한 선언문〉에는 "진화연구에 용이한 동물학적 관점에서 다양한 인구집단을 분류할 때 인종의 개념을 적용하는 것에 동의한다. 인류학적 관점에서 '인종'이라는 용어는 전형적인, 유전이 가능한 신체적 특징에 따라 구별할 수 있는 인구집단에만 적용되어야 한다."고 쓰여 있다.

이후, 인종이란 자연스러운 것이며 생물학, 생리학, 두개골학, 기타 자연과학 분야에서 연구될 수 있다는 의견이 등장했다. 애초에 인종은 인간이 만들어 낸 개념이었는데, 마

치 처음부터 당연히 타고나는 것인 양 정당화되었다. 인종의 역사는 여기서 멈추지 않았다. 인구집단을 계층화하기 위한 도구로 인종을 이용하기 시작한 것이다. 끊임없이 퍼지고 있는 인종주의 담론을 살펴보면, 겉으로 드러나는 외면상 차이가 곧 인종 간의 도덕적, 정서적, 지적, 문화적 측면 등 내면상의 차이로 확장되었다는 것을 알 수 있다. 더 이상 신체적 특징의 차이로만 인종을 구분하지 않고 지적, 도덕적 능력과 연결하기 시작했다. 겉으로 드러나는 신체적 차이만으로 어떤 인종이 다른 인종보다 더 똑똑하고, 용감

하고, 성실하다고 판단하는 것이다.

가장 급진적인 인종주의 이데올로기는 프랑스 외교관이자 민족학자였던 고비노J. A. de Gobineau의 저서《인종불평등론》(1853~1855)에서 찾아볼 수 있다. 인종불평등론에 따르면 우월한 인종과 문화는 열등한 인종을 명령하고 지배하며 몰살하기 위해 존재하는 반면, 열등한 인종과 문화는 우월한 인종에 굴복하고 몰살당하기 위해 존재한다. 특정 인종의 열등함에 '감염'되지 않으려면 우월한 인종과 열등한 인종 사이에는 정치적으로 엄격한 경계선을 설정해야 한다. 이러한 이데올로기에 따라 인류의 역사는 결국 노예제도, 노예무역, 식민지 전쟁, 정복, 약탈, 치밀하게 계획된 대량학살, 민족말살을 겪는다.

“흑인이란 무엇인가? 그 전에, 어떤 색깔인가?”

장 주네

Jean Genet

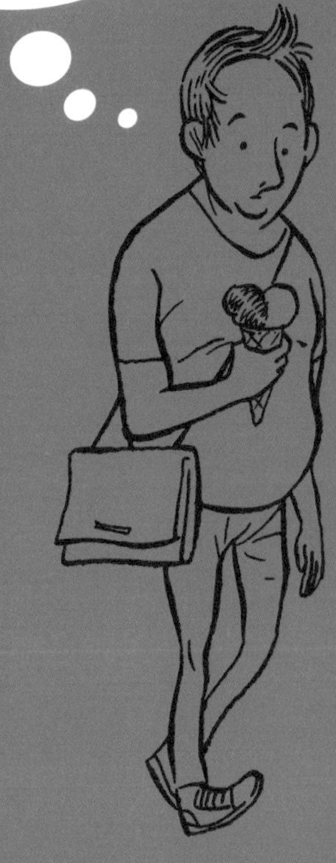

인구집단 간의 차이에서 무엇을 발견할 수 있을까?

오늘날 우리는 쉽게 눈으로 확인할 수 있고, 근본적으로는 다른 특징을 가진 자연 인구집단으로서의 인종이란 존재하지 않는다는 것을 알고 있다. 상대방이 누구든 틀리지 않고 그가 속한 집단을 어떻게 한눈에 알아차릴 수 있을까? 18세기부터 19세기까지는 흰색, 검은색, 갈색, 붉은색, 황색으로 피부색을 구분하여 사람들을 식별하고 묘사하며, 재조직하곤 했다. 이렇게 각기 다른 피부색을 관찰해 보면, 사람들은 결국 하나의 연속적인 '컬러라인' 위에 놓여 있으며, 그 사이에 정확한 색의 경계를 설정할 수 없다는 것을 알 수 있다. 진화론을 공식화하여 생물학에 큰 반향을 일으켰던 영국의 자연주의자 찰스 다윈Charles Darwin의 말처럼, 전통적인 분류에서는 독일 철학자 임마누엘 칸트Emmanuel Kant의 방식에 따라 네 개의 인종으로, 프랑스 생물학자 부퐁Buffon의 방식에 따라 여섯 개 혹은 훨씬 더 많은 수의 인종으로 구분할 수 있다. 결국, 인종을 구분할 수 있는 것처럼 보이는 신체적인 특징의 차이는 결코 인종 분류의 명백한 근거는 아닌 것이다.

우리는 특정 상황에서 인식하고 배운 것만을 이해한다. 피부색이나 머리카락의 모양을 구별하는 법을 배웠다면, 그 이면에는 식민지화, 삼각무역**, 아메리카 대륙의 제국주의 같은 정치적, 경제적 의미가 담겨 있다. 귀 모양을 구별하는 법을 배웠을 수도 있었을 텐데 말이다! 인종을 구분하는 기준을 선택하는 데에는 자연적인 것도, 정해진 것도 없다. 그렇기 때문에 **'인종'은 공간이나 시간에 영향을 받지 않는다.** 흑인종이든 황인종이든 피부색은 모든 곳에서 똑같이 정해져 있지 않으며 시대와 지역에 따라 달라진다. 미국에서는 흑인으로 분류되는 사람이 브라질이나 마르티니크 섬에서도 흑인으로 분류되는 것은 아니다. 고대 카르타고 지역에서는 말할 것도 없다.

미국의 이상한 인구조사 질문지로 다시 돌아가 보자. 1930년은 '멕시코인' 항목이 추가될 정도로 이민자들이 물밀 듯이 몰려들던 시기로, 시대에 따라 인종을 묻는 질문지의 항목이 변해갔다. 미국에서는 큰 변함이 없지만, 오늘날 인구조사에서 인종과 민족에 관해 묻는 국가들은 그들만의 항목을 갖고 있다. 영국의 경우, 2011년 진행된 인구조사에서

** 일반적으로 세 나라나 세 지역 사이에 이루어지는 무역을 일컫는 말이나, 주로 노예 무역을 의미한다.

'A – 백인: 잉글랜드인, 웨일스인, 스코틀랜드인, 북아일랜드인, 아일랜드인, 보헤미아인 등, B – 혼혈인, C – 아시아인: 인도인, 파키스탄인, 벵골인, 중국인 등, D – 흑인: 아프리카인, 카리브인 등, E – 기타 민족: 아랍인 등'으로 항목을 나누었다. 영국의 인구조사에서는 인종이 드러나는 것 같지만 그렇지 않고, 인종이 존재하는 것 같으면서도 존재하지 않는다. 다시 말해, 인종은 상황에 따라 달라지고 지역에서 원하는 기준에 따라 달라지는 정치적 범주라고 할 수 있다.

인종은 유전될까?

20세기 후반에 들어와, 유전학이 발전하면서 '인종적' 특징이 생물학적 전이가 가능한가에 대한 논의가 다시 화두에 오른다. 유전형질, 즉 유전자에 의해서 나타나는 모든 모습이나 성질을 바탕으로 개인의 유전학적 표현형(모든 신체적 특징)을 정확하게 예측하는 것은 불가능하다. 신체적 특징은 대부분 복잡한 데다 유전자의 다양한 조합과 '발현' 정도에 따라 결정되기 때문에 모든 자녀가 부모로부터 같은 특징을 물려받는 것도 아니다. 따라서 피부색, 눈꺼풀 모양 등 몇 가지의 유전형질로 인종을 분류하는 것은 유전학적으로도 완전히 비논리적인 이야기다. 같은 부모에게서 태어난 형제나 자매들도 '컬러라인'의 양끝에 위치할 수 있을 정도로 충분히 서로의 생김새가 다를 수 있다.

결국, 역사적으로 정의된 인종범주에 따라 유전적으로 나타날 수 있는 공통된 신체적 특징을 분류하는 것은 불가능하다. 어떤 인구집단은 철저히 동족끼리만 결합하고 생식활동을 하기 위해서 오랜 세월 동안 외딴 섬에서 세상과 단절된 채 살아가고 있었을지도 모른다. 그러나 인류의 역사는 무역, 전쟁, 정복을 통해 평화적이든 폭력에 의한 것이든 서로 다른 문화의 교류와 결합으로 형성되었다. 하나의 문화나 민족을 유지할 수 없는 세상이 되었다. 유전형질도 셀 수 없이 무수한 혈통이 만나 결합해서 나타나는 결과물이다. **파리에 사는 백인의 유전형질은 지구상 어딘가에서 살고 있는 백인과 같은 층에 사는 백인 이웃과도 99.9% 이상 겹친다.** 인간들 사이에는 유전적 차이가 존재하지만, 그것만으로 다른 동물 종을 구분하듯이 '인간 종'을 구분하기는 너무도 불충분하다. 예를 들어, 래브라도 리트리버와 폭스테리어는 유전학적으로 매우 큰 차이가 있다. 한편 덴마크인과 말리인, 스코틀랜드인과 파키스탄인도 유전적으로는 매우 다르기 때문에 영국의 인구조사에서도 각각 다른 범주에 속한다. 그러나 무작위로 선택된 두 명의 인간 사이에 나타나는 0.1%의 유전학적 차이는 각 인구집단의 내부에만 존재하며, 지리적으로 떨어져 있는 인구집단에는 거의 존재하지 않는다. 따라서 **유전학적으로나 표현형으로나 인종을 구분하는 것은 불가능하다.**

레이첼 돌레잘의 부모는 그들이 모두 백인이기 때문에 생물학적 딸 역시 백인이라고 주장했다. 그러나 부모가 모두 백인이라는 사실이 레이첼이 속하는 인종범주에 대한 결정적인 단서가 되지는 않는다. 인종은 필연적으로 유전되는 것이 아니다. 누군가의 인종범주를 생물학적으로 최종 판단할 수 없다. 결국, '인종'은 인간 종에게 알맞은 생물학적 범주가 아니다.

"나는 이국자의 얼굴,
생사의 갈림길에
헤매는 유대인,
그리스 목자의 얼굴"

조르주 무스타키
Georges Moustaki

인종이 다른 것일까?
아니면 문화가 다른 것일까?

오늘날 프랑스에는 생물학적 인종은 존재하지 않는다는 인식이 많이 퍼져 있다. 그렇지만 인종을 종종 문화의 개념으로 대체하는 경향이 있다. 한 세대에서 다음 세대로 전달되는 것은 유전형질이 아니라 전설, 관습, 신앙, 생활방식, 요리법 등 문화라는 것이다. 흑인, 아시아인, 유대인, 아랍인 등으로 나뉠 수 있는 이유는 같은 집단에 속한 사람들과 비슷한 피부색, 비슷한 코와 눈꺼풀 모양을 지녔기 때문이 아니라 같은 집단 내에서 공유하는 이야기, 옷차림, 음악적 취향, 행동양식 때문이라는 것이다. 문화는 인종과 달리 비교적 자유롭게 선택할 수 있어서 어떤 문화의 행동양식을 따라할 수도 있고 특정 신앙을 선택할 수도 있다. 문화는 한 개인이 속해 있는 집단에만 한정되지 않기 때문이다. 문제는 바로 문화를 인종의 대체 개념으로 인식하는 것이다. 우리는 인종 간의 차이나 인종 그 자체에 대해 이야기하는 것보다는 오히려 **문화권이나 문화적 차이에 대한 논의가 더 쉽다고 생각한다.** 하지만 이러한 사고방식 역시 인구집단을 몇 가지 특징으로 한정하여 축소

된 집단에 가두어 버리는 것은 아닐까? 레이첼 돌레잘에게 '흑인으로 산다'는 것은 무엇을 의미할까? '흑인 문화'란 무엇일까? 흑인 문화의 특징은 무엇이고, 다른 문화와는 또 어떻게 다를까? 우리는 어쩌면 문화와 인종을 혼동하여 성급하게 일반화하고 편견을 만들고 있는 것일지도 모른다. 흔히 더 '우월하고 진정한 문화'라고 여겨지는 문화를 좇는 사람들과, 그 안에서 '주류와 다르게 살기'를 원하는 사람들 사이에 경계선을 그어버리는 것일 수도 있다. 미국의 하버드대 교수 콰메 앤서니 애피아Kwame Anthony Appiah는 '메두사 증후군'에 대해 이렇게 말한다. 눈을 마주친 사람들을 전부 돌로 만들어버리는 그리스 신화 속의 괴물 메두사처럼, 어떤 문화를 정확히 식별하려 한다면 오히려 그 문화를 틀에 가두고 경직시키며 왜곡할 수 있다는 것이다. 흑인이라고 해서 재즈, 블루스, 랩 음악만 듣는 것도, 들어야 하는 것도 아니다. 젓가락으로 밥을 먹는다고 해서 아시아인이 '되는 것'은 더욱 아니다. 문화란 유동적이고 상대적이다. 문화를 향유하는 삶의 방식은 매우 다양해서 대항문화 혹은 하위문화도 나타난다. 그러니 진정한 문화와 그렇지 않은 문화를 과연 누가 분류할 수 있을까?

인종이 없는 인종주의를 생각할 수 있을까?

문화의 다양성과 그 관계성을 고려할 때, 문화를 단순화하거나 왜곡하지 않고 별도로 정의하기란 매우 어렵다. 과연 중국 문화의 시작과 끝은 어디일까? 다른 문화와는 또 어떻게 구별할 수 있을까? 우리는 서로 다른 문화를 식별하고 경계를 설정하면서 문화는 자연적으로 만들어진 것인 듯 쉽게 말한다. 마치 인간은 본질적으로 문화적 존재였고, 갈등이 발생하더라도 서로 다른 문화 집단이 본질적으로 존재한다는 것처럼 말이다. 2013년, 프랑스의 내무부 장관이었던 마뉘엘 발스Manuel Valls는 "집시들은 문화적인 차원에서 우리나라에 통합되기를 원하지 않는다"라고 말했는데, "집시들은 프랑스인과는 완전히 다른 삶의 방식을 갖고 있기 때문에 대립할 수밖에 없다"는 것이었다. 문화적 정체성이 생물학적 정체성처럼 견고하고 고정된 것이라면, 집단 간의 문화적 차이는 자연스럽게 특정 문화와 집단을 배척하기 위한 구실이 될 수도 있다.

이렇게 문화가 인종을 대신하는 개념으로 쓰이는 담론에서는 통일된, 근본적으로 다르고 때로는 충돌하는 문화가 존재한다. 두 문화에 동시에 속하거나, 살면서 다른 문화를 선택하는 것은 복잡하고 또 불가능한 일이다. 다른 것들보다 더 '우월한' 문화, 더 '야만적인' 문화, 더 '문명화된' 문화가 있다는 말을 들어본 적 있을 것이다. 이러한 접근법은 인종에 대한 언급을 교묘히 피해가는 것처럼 보인다. 그러나 인종이 아닌 문화에 대한 논의가 인종주의에서 완전히 벗어날 수 있는 것은 아니다! 더 이상 **생물학적 인종주의에 대한 논의가 아닐 뿐이지, 문화적 인종주의 또한 위험하다.** 인종의 개념이 처음의 의도와는 다른 방향으로 쓰이게 된 것처럼 문화의 개념도 그렇게 쓰이게 된다면, 생물학적 요소는 배제하고 문화적 요소를 이용한 인종주의가 될 수도 있다. 따라서 문화란 유동적이고 상대적이며 역동적이기 때문에 시대의 흐름에 따라 변할 수 있고, 문화 간에 서로 영향을 주고받으면서 진화한다는 사실을 다시 확인해야 한다. 또한 우리는 동시에 여러 문화집단에 속할 수 있고, 한 문화집단에 속하는 방법도 여러 가지가 있을 수 있다는 것을 알아야 한다.

인종주의는
불가피한 것일까?

만일 생물학적 인종이 존재하지 않는다면, 문화가 폐쇄적이고 표본화된 집단으로서의 개념이 아니라면, 남은 논의는 무엇일까? 우리가 생김새, 신앙, 삶의 방식 등 우리와 달라도 우리와 동등한 것이라고 존중하지 못하는 이유는 무엇일까? 오늘날, 누구도 자신이 인종주의자라는 사실을 공개적으로 밝히지는 않는다. (그러나 가장 인종차별적인 발언은 언제나 "나는 인종주의자는 아니야. 하지만..." 다음에 이어진다.) 그러나 특정 집단에 대한 거부와 차별은 점차 심화하고 있고, 심지어 어떤 집단은 사라져가고 있다. 프랑스 인류학자 클로드 레비스트로스Claude Lévi-Strauss에 따르면, 우리는 자기가 속한 집단과 가장 다르다고 생각되는 집단은 인류의 범주에서 배제할 정도로 자기 자신이 투영된 집단을 선호하는 경향이 있다. 이를 자민족중심주의라고 하며 우리의 의식에 뿌리 깊게 박혀 있다. 그러나 아무 집단이나 어느 순간 갑자기 인종차별을 당하거나, 비인간적인 취급을 당하거나, 사회에서 배척당하지는 않는다. 어떤 집단을 부정하는 방법은 모욕부터 대량학살에 이르기까지 그 형태가 다양하고 무수하다. 따라서 인간은 자기가 속한 집단을 선호한다는 생각은 인종주의의 다양한 형태를 설명하기에 불충분하다.

프랑스 사회학자 콜레트 기요맹Colette Guillaumin에 따르면, 민족학자이자 정신분석학자인 옥타브 마노니Octave Mannoni의 분석에서 파생되고 우리의 사고 과정에서 나타나는 특징이 있다. "잘 알고 있지만 그래도…", "생물학적 인종은 존재하지 않는다는 걸 알지만 그래도…. 여전히 그 존재를 믿을 수밖에 없다"라는 등의 표현이다. 인종에 대한 개념이 (생물학보다 인류학과 더 관련이 있는 것도 아니니) 과학적 측면에서는 근거 없는 개념이라고 할지라도, 적어도 '나'의 상상력과 사고 과정에서는 그렇지 않다는 것이다. 왜 그럴까? 왜 우리는 이러한 사고에서 벗어나기 힘든 것일까? 바로 사회적, 문화적 배척 행위를 정당화하기 위해 인종을 만들었기 때문이다. 인종은 어떤 개인이나 특정 집단을 배척하고 차별하기 위해, 삶의 방식 혹은 외양적으로 알아볼 수 있는 일종의 표식으로 이용되고 있다. 어떤 집단이나 문화의 다양성은 인종주의의 원인도, 구실도 될 수 없다. **인종주의를 탄생시킨 것은 인종이 아니다. 오히려 인종주의가 인종을 만들었다.** 우리는 특권을 유지하기 위해서 공포와 무지함을 이용하고, 심지어는 이해타산에 따라 특정 인구집단을 '우리와 비슷하지 않다'며 '우리'의 공간에서 배척했다. 인종적 차이를 구실로 그들을 공공장소에서 격리할 합법적인 이유를 만들었고 영토를 빼앗아 노예로 만들고 학살했다.

인종의 구성과 그것을 거부하는 방식은 역사적, 지리적 상황에 따라 다르며 (경제적 착취, 정치적 배제, 사회적 특권 등) 왜곡된 형태로 나타났다. 맥락에 따라 여러 가지 방법으로 인종이 형성되었고, 시대와 장소에 따라 인종의 범주도 달라졌기 때문이다. 오늘날 프랑스에서 집시들을 정치체제에 통합할 수 없는 폐쇄적인 다른 집단으로 분류하는 것은 집시들을 프랑스 시민의 지위에서 배제하는 것을 정당화할 수 있다. 그들은 '우리'와 같지 않기 때문이다.

만약 인종이 존재하는 것이라면, 그 이유는 인종이 계속 그렇게 존재해왔고 그렇게 구성되었기 때문이다. 따라서 우리는 인종에 대해 과거의 것인 양 해서는 안 된다. 콜레트 기요맹은 "인종은 존재하지 않는다. 아니, 인종은 존재한다. 아니, 인종이란 우리가 말하는 것과는 다르지만 그럼에도 불구하고 가장 명확하고, 실질적이고, 폭력적인 우리의 현실이다"라고 말한다. 우리가 만든 제도와 사고 과정에서 인종에 대한 기존의 관념을 해체하기 위한 노력은 여전히 부

족하다. 인종이 존재하지 않는다고 주장하는 것은 인종주의와 불평등에 맞서는 것이 아니라 인종의 존재로 정당화하는 불평등한 사회구조와 직접 마주하지 않는 것이다. 그러나 인종이 탄생한 과정을 이해한다면 결국 인종이 반드

시 필요한 개념은 아니라는 것을 알 수 있다. 그렇게 하면, 인간의 눈동자 색깔이 다양한 것처럼 다양한 인종에 대해 정치적, 사회적 의미를 부여하지 않는 사회, 그리고 신체적 특징이나 특정한 생활 방식과 관계없이 동등한 권리를 누리고 재화와 자원을 모두가 실질적으로 평등하게 이용할 수 있는 사회를 만들 수 있다. 인종은 허구의 개념이 아니다. 인종은 실제 우리를 둘러싸고 있는 세계를 조직화하고 있다. 인종은 현실이다. 사회적으로 만들어진 것이지, 타고나는 것이 아니다. 우리는 이 현실을 변화시킬 힘이 있다!

♬ "친구여 내게
손을 건네주오. ♪
나도 손가락이 다섯 개라네.
우리는 똑같다네."

클로드 누가로
Claude Nougaro